六

일러두기

1   시의 한 연의 중간이 끊겨져 다음 면으로 이어진다면 해당되는 연 전체를 다음 면으로 보낸다.

2   시의 본문은 제목 이후 다섯 줄, 이어지는 장은 첫 줄에서 시작된다.

최세목

ㅊ

_방1

축성

아무런

形

    모노

당사자　소설

    평화와

    평화

모래　　　　　　　　　　　　　　　　　　　　　　　물거

  사람

The Doors Are On Your Right

    기계;　일;

인간;

Go

맥이　　　　제임스에게 보낸

자연

(　)　　　　　　　　　　　　　　　　　　　　　　비
디스플레이를　　　　　　　　　　　　　　　　　　　산책함

뉘앙스가

독해를 방 해 함

삼

넓이로서의   점선 그리기

무엇과 마주보다가   **죽어버림**

우리는 평면 상에서 수직축을 통한 상승이나 깊이의 획득과 무관히 오로지 넓이만을 지각하고 체험합니다

// 2. 이 면 속의 다른 나머지 형태들과 점의 크기 관계.†

유사광학장치

( )

상태를 재 고 함

당사자 소실

생각A

고공

관측

형상상상

((

회색 분자

다시는   빵을   굽지   않겠습니다.

옮겨심기

김ㅋㅌ

있으랴

0 / 0

풍경

비위치

열셋

———

무언가

넓이로써의   점선   긋기

『▦』

축성

빛
숲이다
말한다
황금이다
혹은 그런
    색
혹은 땅을 짚는
    것
혹은 뒤집어쓰는
    것
혹은 버드나무 가지
    땅 가까이에
길게 늘어져서

그러면 생긴다
    말과 모양
바란 것과
    모습
형체가 풀숲에 숨는다

혹은 그런 표현
    그림자의 입이
    재잘재잘
계속,

계속   세상에 말이 너무 많다
              그것을 10으로 셈하여 5로 줄여라

시끄러워
모두가 웃는다 그를 제외한
모두가

눈 깜빡인다 코 근육 찡긋한다 입꼬리 내려간다 입 벌린다 눈 아래 바르르 떤다 웃는다 입천장 혀로 긁는다 목 근육 솟아 손을 크게 허리 젖혀 배에 힘을 다리를 굴러 땅에 먼지 먼지 먼지가 쌓여

회벽이다 등지고 앉아 있다

          "네가 묘사하는 그 모든 게 방 한 칸짜리란 걸 아직도
          다섯 평짜리 일곱 평짜리 그곳에 누워 숨을 쉬어 밥을 먹
          마셔 네가 본 멀리라는 건 페인트 붓이 남긴 벽지에 인쇄

모양, 빛깔"
빔 프로젝터의 전원을
켜
말하고,

          어둔

아무런

똑바로 초점 생각하면서 시야각 확보하면서 가만히 있는
머리부터 왼쪽과 오른쪽으로 얼마까지 볼 수 있는지 흐리게
보이는 것까지도 최대한 보려고 노력하면서

   눈
감지말고
   인지
하면서
평생   눈물
를   흘리지 말고
늬

보고 있는 것에 대해서 이야기

창 햇빛 도로 차선 사람 차 간판 나무 초록 상자 건물 네모 보고
있는 것들을 최대한 작게 또는 크게 들여다 멀리서 때때로는
가까이서 아니 가만히 있으니까 가까운 곳을 나무판자의 결 겹겹이
쌓아 올린 붉은 벽돌 틈을 매운 시멘트 시멘트가 굳기 전의 질감
상상 가장 멀리 하늘 그것도 파란 파래도 너무 파란 하늘의 공간감
상상해 어디를 보고 있는지 하늘? 우주 공간? 성단? 성하? 암흑물질?
거짓말 행성은 먼지 입자의 확대본에 지나지 않고 암흑물질은 곰팡이
우주로 쏘아 올려진 고체와 사람 철판과 불에 의지해서 쏘아 올린,
전쟁처럼

   쏘아 올린
논리

이제 이야기 말고 말 음절 어절 단어 문장 발음
상관없이 무작정 처음에 발화가 있었고
                    처음의 발화
한 번 말하고 옆 자리의 사람이 고개를 돌림
다시 침묵 고개가 원래대로 돌아가고 한참 있다가
한 번 더
한 번 말하고 한 번도 못 알아듣고
두 번 말하고 한 번쯤 알아들을 수 있고
세 번 말하고 한 번 질문이 돌아오고
백 번 말하고 한 번 질문이 돌아올 수도 있고
만 번 말하고 만 번 말하고 또
횟수 생각하지 않고 계속 웅얼거리면서
                    웅얼웅얼웅얼거린다는 생각을
격리하면서
          웅— 웅— 웅— 기계가 소리를

한 번도 못 알아듣고
한 번쯤 알아들을 수 있고
한 번 질문해보고 구르는 바퀴
열리고 닫히는 냉장고 문 돌아가는 분쇄기 칼날 소리
가까이서 듣기 멀리서 듣기
알아들으려고 노력해보기
                웅— 웅— 귀 막고

  귀 막으면 들리는 커다란 소리 커어다란 소리 듣지 않으려고 막는 게
아니라 더 잘 들으려고 막기 계속 들어보기 눈과 귀가 합쳐짐 들어보기

   눈
감고
   귀
막고

形

코와 귀 머리 하나
살 없는
코와 귀가 있는

머리

코와 귀에만
살점이 있는
나머지는 돌로
큰 돌에
코와 귀가 붙은

머리

	그것이 놓인 곳	
	전시장?	
방!	한낮의 공원?	
방!	빛이 있다	
	밝은 빛,	없다
	온통 흐린	
	사면을 가득 에워싼	
	머리통통통통통통통	
	사진을 찍는다	
	반복	
	렌즈가 열리고 닫히고	
	반쯤 열리고 느리게 닫히고	
	빛을 가둔다	
	돌에 입이 자란다	
	아니 쩍 갈라졌나	
	어쨌든 입이라고	
	부를 수 있을 만큼	
	사진 사람	
장소?	찍는다.	
방!	사람을 찍은 사진	
	사진을 찍는 사람	
	그리고	
	다시 말해봐	
	처음부터	
	살점이 뜯기듯	
	관절이 굳듯	
	가만히,	가만히
	걷든,	멈춰 서든,
		주저앉든,
장소?	긴,	휴지

모노

건물의   사진   찍는다   이곳의
창에   해가   비친다   짙은
빛이   길게   뻗는다   색과
사진을   절반으로   접는다   벽
                                                  암전
    앉은   곳의   페이딩
    건너편   건물의
    창가에   드는   길에 즐비한 사람과 길
    빛   잠깐
이곳은 어둡고   건물을   부수는   이미지
음악   있다   부수고   다시   짓는다
음악   커진다   높게   짓는다   부순다
공간   어둡고   더   높게   짓는다
소리   덮는다   잠은   누워서   잔다
사람   시끄럽다   어둡게   어둡게   깬다
소리   조그마해진다
                            해가   내려온다
사람을   테이블   위에   수평을   맞추어서
올리고   아주   큰
주먹   내리치는   상상과   나란히,   가지런히
반으로   접는   상상을

    말을   건다
    웃으면서   답한다

모두 불에 탈 것이다
나쁜 것은 하나도 없다

당사자 소설

 감상을 쓴다
장소의묘사
점과점의나열

 춤과 함께 산책
산책길
무엇을향해손을뻗음
개짖는소리가들림

 나는 혐의를 가진다

 생활을 모자 속에 넣고 공도
차들이회전교차로에서공회전함
발을동동굴림
횡단보도앞임
떨어질것같음
낙석주의등에붙여줌

 불이 꺼지는 것을
 가로등 전구가 터지는 것을
 서술해보자
다친사람이없음

 ... 혐의를 가진다

도를믿는사람과만남
소설에대해이야기함
개를키우던사람이개를키우는이야기를
줄곧함께사는사람과살았던이야기를함

그것을다말함
누가가려하고붙잡음
붙잡으려하고감
멈춤
   둘은 춤추던 사람들이고

   진술
밟은땅이돈다
돈다고했음
평평하지않다고모두가
보는것과사실은다르다고했음

   인물이 생각을 할까
   멸종과 궐기를
   갈팡과 질팡을 할까

   소설을 생각한다
사진을삽입하는
말에자꾸실패하는소설을

                나는 ... 가진다

   어딘가 허름해진다 무언가 무너진다
   망할 것이다 의자에 앉아,
   앉는 상상을 한다 손장난을 한다

평화와
평화

무엇을 하고 있어?
물어봐서 침대에 누워 천장 보고 있어
　　　　　　　　천장의 무엇을 보고 있어
캄캄한 방과 어두운　천장
　　　　　어두운　천장과
　　　　　어두운 이불 안의
　　　　　어두운 몸
　　　　　어두운　천장 보고 있어
　　　　　　　천장에 누워서 침대를 봐
　　　　　어두운 바닥 어렴풋이
말해질 듯 말 듯한
보일　듯 말 듯한 형체를 봐 얼룩을

그거 알아 영사를 정지한 필름과 한 롤 길게 늘여서
　　　　영사되는　　　필름의 정지한
피사체를 찍은 사진과 운동하는 피사체의 잠깐을
　　　찍은 사진의 크로키와 판화의
업로드와 다운로드를 수만 번쯤
컴퓨터와 인터넷을 옮아간 음원을

이 모든 것이 우주에선 찰나에 불과함
그에게도 입장 같은 시간이 있었냐 퇴장 시간이다

빛이 어딘가를 지나
삼원색으로 갈라지는데 그랬는데
시간 블랙홀에 빠진다
사람이 잠에   빠진다
전자기기   꺼진다

　　　　　어두운 꿈의 등장인물과
얼굴과 이름을 맞바꾼 얼룩들과
상징적으로 해석해보자
한편

　　　　　　천장 무늬가
무시무시하게 연결되고 있었고

채색 마친 그림
암실에 보관되는   색
덧칠되는 아파트 외벽 색

한   곳의 평화가 깨질 때
다른 곳의 평화는 유지되고 있었으므로
영원이다

　　　　평화와
　　　　평화와
　　　　평화와
　　　　평화와
　　　　평화와
　　　　평화가

모래

그것의 딱딱함.
표면 고르지 않음.
망치와 정을 허용하지 않음.
고온에도 녹지 않음.
사람의 팔로 안기에 너무 거대함.
등등과
그것을 파낸 언 땅.
빛이 흐려지기 시작하는 지점.
굴절되는 각도. 그림자의 정도.
내부로 닫히는
내부와 외부의 중간 지점에서
다시 열리기도 하는

점점
복잡해지는 구조와
관련한 계획.

물과

너와

네가 만지는

무엇

이 무엇

그것과 유사한 것을

어떻게 그려냈어?

인장. 이름. 날짜
데이터. 파일 생성일.
달의 기운 정도로
날짜 가늠함.
보고 있지 않은 때에
상상하는 일
쉬움. 어려움.
아라비아 숫자 명료한 형태.
간단성.
들고 있는 책의 두께를 훑음.
각 장에 할당된 페이지 수 확인하고
목차 천천히 확인함.

강한 수압 물 낙하
반복되는 말 언성 높아지거나
발꿈치를 높게 들어
바닥의 수직. 의자의 밑면 뒤꿈치 맞닿음.

네가 읽는 무엇

결론을 먼저, 서문 마지막에

읽는다 고개를 주억거린다

사람이 모여

입장이 생기고 퇴장하시오

명령이 잇따르고

사람 하나와 무엇 하나와 사람 하나
계획 역할.
도시 곳곳에서
허물어지는 콘크리트 구조.
선연한 골격.
굴착기의 팔.
기중기의 높이.
관절.

                              세워질 것 높게

네 고향집이
재개발 구역에 지정돼서
평당 명료한 정도가 정해지고
큰길에 인접한 주택들은
반대 찬성 엇갈리고
무엇
미래나 과거에 다시   ,   새로워질 것 다시

감은 눈을 뜨면서
그만
쥐고 있던 주먹을 놓아줘

사람

사람과 사람이   사람
     사람을 한다
사는 사람이 눈물을 뚝뚝   사람
사람이 발 동동 입 벌려 크게   사람
사람이 물에 떠간다
뜰채로 건지는 사람
건져지는 사람   사람
햇볕에 말려 공원에   사람
사람이 많다
하나씩 세 본다
사람   사람 사람   사람 사람
     사람 사람   사람
너무 많으면
화가 나게 되는 사람
크게   사람
소리를   사람
혼자 있었으면 하는 사람
다 나가주었으면 하는
사람과   사람 부딪히고
눈을 흘기고 침을 뱉고   사람
더 빨리 걷고
위협적으로
다들   사람
사람,   사람

사람
　　사람

The Doors Are On Your Right

음성

미래는 좋았고 오늘은 영영 모르게 되었다
어제가 이미 지났고

주먹을 쥐고 있었다

영화관 스크린
도서관 책
옷에 붙은 먼지
회사나 현장에
자리

소풍을 간다
인사한다

외양이 있고
잠깐 짓는 표정이 있고

그 외에 구글에서 온 문자

오늘이 오늘이기 위해선
그 아이가 필요해
제자리에 있고

그 아이는 친구들과 함께 있었고

나를 증명했다 지하철 열리고

The Doors Are On Your Left

될 것이다
그것을 아직 깨닫기 전이라면

주먹 위에 주먹을 겹쳐 강하게

길게 펼쳐져 있고
나란히 꽂혀 있고 일련번호 있고 맞는 자리 찾아 수납되어 있고
털어내고
있고
보이는 풍경이 있었고

엊그제의 풀밭으로
안녕하세요 집에 조심히 들어가 감기 조심하고 우리, 다치지 말고

사물을 우리는
우리는 사물을 입고 있는 것입니다

일련번호 영어 숫자 혼합문 입력하세요

어제나 나중이 필요해
그 친구들 말고 더 멀리에 있는
그 자리에 있지 않은
아니면 본인 명의 전화번호를 갖고 있거나
다행히 나는,

기계;   일;

인간;

아니야는 우리가 아냐 인간은 인간과 만나기 좋다;

며칠 전엔 낯선 사람 만나 아주
일상적으로, 일상적인 대화를 나누려고 각자
자와 칼을 챙겨 오기로 해놓고 갑작스런
폭우에 두터운 구름 탓에 둘 다 그만 까맣게
잊고 저녁 생각도 없이 지하철 역 개찰구에서
만났다가 곧장 헤어졌다 내일 출근해야 해요,
어제도 오늘도 저녁 열한 시 반 지하철 정서를
들고 집에 들어갔어 집에 한가득 때가 꼈어

안녕하세요 실장님 저번의 메일 이후로 꽤 오랜 시간이 지난 것 같습니다만 달력적으론 짧은 시간이었지요. 구글 캘린더 속에 기입된 일정이 그 일정 안의 제가, 영원불멸의 시간을 겪었다면 믿으실 수 있으실진 모르겠습니다만 이런 이야기를 굳이 굳이 하려던 게 아니었는데요. {그렇다면 백스페이스를 눌러 지우면 되지 않을까 [지워진 것들과, 지워야하는데 않은 것들과 지울 필요가 없는 말들(가짓수를 세 개 세우면 평균값을 찾을 수 있을 것 같다)]}

요 며칠은 퇴근 후에 책을 읽었다;

　　기술적 대상의 기술적 존재 양식 내용 감상
다 잊었다 오늘은 다 넘어갈 거야 일단
개찰구부터 뛰어넘을 거야 들어올 땐 후불용
지하철 카드 사용했지만 나갈 땐 하지 않을
거야 아주 비싼 요금을 내게 될 거라는데 한
번도 겪어본 적은 없다 그게 정확히 얼마인지
어떤 산정 방법을 따르는지 알려면 경험보단
검색이 빠르다

　저는 지금에서 도망하길 희망하고 있습니다. 제겐 구체적인 가르침, 방법론. 즉 도움이 필요합니다. 바쁘신 와중에, 실장님의 말마따나 당신의 시급이 매우 비싼 것을 알지만 잠깐만 아주 잠깐만 제게 근육의 탄력을, 무릎의 반동을 일으키는 프로세스에 대해, 역학관계에 대해 입력해주세요. 넘버링된 항목들로 빼곡한 답장을 바라고 기다립니다. 커뮤니케이션 이론에 따른 정보의 위계 설정, 강조점등에 따라 문단이 배치된 답장이면 좋겠습니다. 줄입니다.
총총

Go

하세요　　질문 말고 검색
하세요　　정확한 키워드 입력

'꿀벌 멸종 시기', '개발자 전망',
'4차 산업혁명', '워라밸',

구글은 단순한 폼을 오랜 시간 고수하고 있으며 네이버는
플랫폼의 유아이를 바꾼다 사람들의 말 쏟아진다 저번이 좋았다,
불편하다, 어디에 뭐가 있는지 모르겠다 그러나 다들 잘
적응하잖아요? 쇼핑에서 페이로 결제하면서 택배를 받으면서
궁금한 게 있으면 검색해보고 계시잖아요?

　　　　　　　　잠재적인 것은 문제제기적인 것이고 현실적인 것은 그에 ㄷ
　　　　　　　대답인데 이 사이에는 강도의 운동, n승의 역량이 존재한다

들뢰즈를 읽었는데
잘 읽었는지 모르겠다.
이것을 검색하려면 어떤 키워드를 넣어야 할까

들뢰즈 잘 읽는 법—
'고쿠분 고이치로의 들뢰즈 제대로 읽기'

들뢰즈 제가 이해했을까요—
'그때 벼락같이 들뢰즈가 우리 곁에 왔다'

들뢰즈 어려움—
'그때 벼락같이 들뢰즈가 우리 곁에 왔다'

뭔 말인지 잘 모르겠음—
'뭔말인지잘모르겠음'

일단 다 읽었음—
'일단다읽었음'

이 형식을 최대한 잘,
잘 이해해보려고 노력해야 할 것이다

대한   Verbs go human
               Search words go Search engine
               다람쥐 쳇바퀴 타듯

1. 웹 환경에서 서체의 가독성을 위해 중요한 것은?
2. 서치엔진의 정확도란? 검색어에 딱 들어맞는 결과만 보여주는 것인지 검색자의 의중을 가늠해서 뭉뚱그려진 결과를 보여주는 것인지
3. 정보는 어디에서 오나? 블로그, 티스토리, 지식인, 트위터, 인스타그램, 기사
4. 영어 공부를 하는 것이 좋을 것이다. 국내 학자들마저도 영문으로 학술지를 작성한다. 외국 학계의 인정을 위해서?
5. 당신이 웹 브라우저를 켜두고, 달각이는 커서를 가만히 내버려 두고, 마우스 커서를 빙글빙글 돌리고 있을 때,
6. 뭐 검색하려고 했지
7. 우리가 같은 시간에 같은 웹페이지에 머물고 있다면
    7-1. 우리가 하나의 트래픽으로 만난다면
8. 구글에서 검색한 것은 곧 유튜브의 영상에서 마주치게 된다. 이를테면 웹퍼블리셔 연봉을 검색했다면 유튜브는 웹퍼블리셔의 브이로그를 추천한다.
    8-1. 출근, 업무, 점심, 업무, 야근, 귀가. 여기에서 어떻게 삶을?
9. work < life, work > life 혹은 work = life
10. 한낮 최대 온도
11. 코로나19
12. 퇴사 결심을 했다면...

맥이   제임스에게 보낸

께 보냅니다
부디 스팸 보관함에 빠지질 않길
그곳에서 시간 낭비하지 않길
그러나 거기에도 시간이 있나? 싶지만
또 습관적인 표현을 써보는 것입니다.

사랑이 부족하다 하셔
Copy / Paste 반복했습니다
보십시오
무수히 많은 사랑
이것으론 부족할까 하여
각 파일의 정보를
정리한 엑셀 첨부합니다
부디
안 읽은 메일 삭제하기에 휘말려
쓰레기통으로 가지 않길
하는 염원

종류 크기 위치 생성일 수정일,

그러니까
이곳에 사물,　　　　　　저곳에 이미지,
이곳에 나,　　　　　　　저곳에 그것,
이곳에 주체　　　　　　저곳에 객체,
이곳에 감각,

　　　　　　　　　　　　　　　　저 너머에 둔감한†

하여 흰 스크린에 영사해주셨으면 하지만
용이치 않다면
정방형으로 크롭해
SNS에
올려주셨으면 합니다.

손가락 마디 크기의 이동장치
손바닥 크기의 이동장치
픽셀 깨지고
Effect Crystalize

사랑이

들어보십쇼 들어보십쇼,

　　께서 깊지 않다 하시어
깊이란 제목의 폴더를 만들어
그 안에 사랑이란 제목의 폴더를 만들고

그 안에 사랑이란 제목의 폴더를 만들고
그 안에 사랑이란 제목의 폴더를 만들고
그 안에 사랑이란 제목의 폴더를 만들고
그 안에 사랑이란 제목의 폴더를 만들고
그 안에 사랑이란 제목의 폴더를 만들고
그 안에 사랑이란 제목의 폴더를 만들고
그 안에 사랑이란 제목의 폴더를 만들고
그 안에 사랑이란 제목의 폴더를 만들고
그 안에 사랑이란 제목의 폴더를 만들고
그 안에 사랑이란 제목의 폴더를 만들고
그 안에 사랑이란 제목의 폴더를 만들고
그 안에 사랑이란 제목의 폴더를 만들고
그 안에 사랑이란 제목의 폴더를 만들고
그 안에 사랑이란 제목의 폴더를 만들고
그 안에 사랑이란 제목의 폴더를 만들고
그 안에 사랑이란 제목의 폴더를 만들고
그 안에 사랑이란 제목의 폴더를 만들고
그 안에 사랑이란 제목의 폴더를 만들고
그 안에 사랑이란 제목의 폴더를 만들고
그 안에 사랑이란 제목의 폴더를 만들고
그 안에 사랑이란 제목의 폴더를 만들고
그 안에 사랑이란 제목의 폴더를 만들고
수 없이 만들어 방금의 파일 넣었습니다
깊이 > 사랑 > 사랑 > 사랑 > 사랑 > 사…

보세요,
이 깊이
이 마음
이 정보

디스크 용량 부족

그러니까
이곳에 마우스,   저곳에 화면,
이곳에 나,   저곳에 폴더,
이곳에 사랑 비슷한 것,
이곳에 마음 비스무리한 거,
                                     저 너머에 명료한
사랑

                 첨부파일 용량 초과
        하단에 구글 드라이브 링크 첨부해 두었습니다

---

†   히토 슈타이얼, 『스크린의 추방자들』, 김실비 옮김, 워크룸 프레스, 2018, 68p.

명확한 사과
정상성
재발 방지 약속
재교육
앞으로 하지 않을게
마음 풀어주겠니
묶은 것을 묶인 채로
혹은 묶여 있지 않았다고
묶을 수 있는 게 아니고 풀 수 있는 게 아니다
비정상적이야

지금 상황에서 가당키나 해?
너의 실수야
유감이네
무슨 말을 했고
하자마자 잊는다
너는 네가 불쌍하지
불쌍한
어떻게 도착했는지 궁금하지 않아
네가 있다는 것만 보여

자연

과거과거과거
부모와 신뢰되는 관계
부정되는 관계
너는 자라서 고작,
고작이 되나요
어른 되지 않고
그렇다고 어린 아이거나 청소년으로 남지도 않고
사람이거나 사람이 못되거나
영 쓸 수 없거나
구조 없이

무슨 말을 해야 할까
사과해야 한다는 마음은 들지 않아
입장 퇴장
선 자리 앉은자리
머무는 사람과 누운 사람에 대해서도 할 말이
있어야 하는데
나누기
물 흐르는 소리
물 흐르는 소리

곱하기 물 흐르는 소리
시소가 메말랐다
싱크대가 굳어서
물이 넘치고

침수되는 도시
과거형 침수되고 있었던 도시
시장의 말
더 이상 물이 차오르는 일은 없을 것입니다

다 흘려보냅니다
안전 도시
조금 울었고
눈에서 떨어지는 물

정확히 어디가 어떻게 비었는지 알고 슬퍼해
슬퍼하지 않는다면 슬퍼질 겁니다
네,
아니요,

명확한

( )

여관 앞에서

마취 상태의 나쁜 해상도의 인간
누워 있다

비가 픽셀로 내린다
둘러싸인 인간의 성질
상태

해상도 높은 이미지는 낮은 접근성을 가진다. 이 낮

둘러싼 인간들의 상태, 모션
슬픔처럼 느껴지는 동작
차근차근 애도를

여관 앞, 울퉁불퉁한 바닥에
누런 광목천을 깔아
위에 눕혀진
관으로 이행되기 전의 인간

비

X를 눌러 조의를 표시하십시오

X를 눌러 조의를 표시하십시오

근성은 비성인, 지불능력 없음, 소속 없음 등에 해당하는 이들을 거부한다.

장례식에 참석하길 원한다면
모듈을 조작해 공동묘지를 향하시오
절차 이행하시오

3
가장 애정하는 대상이 망가졌고
너무 슬프다
저장하지 않고 다시
처음부터 시작할 순 없을까
만나고, 이야기하고,
길을 나서고,
어두운 굴 속에서부터
서사를 이행하지 않는다면 멈춘다면
영원히 살 것이다

        리얼 타임과 서사에 견인되는 시간 중에

실종된 이, 영원히 실종된
이 가문과 저 가문의 마찰
해소되지 않은
비 내리는

장작을 모아 불을 지폈다
강이 넘쳐 마을을 삼킨다
불이 꺼지지 않는다

화면이 흐려짐

나의 축을 제거했으므로 무너진 채로, 발생하지 않았다

마을을 구하십시오

1-1
무엇으로 보이세요?
화면이 흐려짐

(유효기간이 지

디스플레이를 산책함

흑백입니다
사방 천지 화려합니다
저기 저
건물의 파사드
적벽돌 촘촘히 쌓여있습니다
색이 연상됩니다
연상은 경험에 기반한 작용입니다
저기 저
디스플레이 안
물고기가 헤엄칩니다.

                     봤어요?

가상의 물과 가상의 물고기 혹은
녹화된 물과 녹화된 물고기 또
산호초의 계속
색 흑백
누가 빛의 대비를 강하게 합니다
낮과 밤 사이가 멀어집니다
     ~~주황색 물 한 방울 떨어져~~
전환은 순식간에
아주 찰나에 벌어집니다

찰칵.

이제 밤입니다
누군가 잠에서 깨
활동을 준비합니다
다시 침대 위에 올라갑니다
날이 밝으니까요
침대의 무늬
바닥에서 벽까지 번진
떨어진 햇빛

찰칵.

봤어요?

        유모차에 탄 강아지
  뜬 눈 흰자가 너무 하얘서
때론 검은 자가 너무 까매서
          빛을 빨아들이면서
번진다.
     강아지 얼룩 점점 선명해져서
       밝은 부분 어두운 부분
   불화하던 거? 점점 커지던 거?
       유모차 비집고 자라나와
          주인 목덜미 물어
        털썩 철썩 걸어가던 거?
           저 멀리, 멀리란 말
  짙어지던 거 점점 까매지던 거

봤어요?

       퍼진다.

다시,
흑백입니다
카메라 필름
돌아가는 소리
헛도는 소리
뚝 끊기는 소리

찰칵.

끊어지던 거
실금 가던 거.
삼투되던 거.

봤어요?

뉘앙스가

            독해를 방해 함

      엊그제엔 물을 마셨다
      외엔 아무것도

      우리가 도착한 현대의 미술관
      현대 새로운

우리는 느슨하게 모임으로
광장에 둘러싼 한 무더기의 사람일 수도
같은 테이블을 공유하는 싸움일 수도 있다
일회용 마스크의 내부를 증기로 채우는 사람과
몸을 부서 버릴 듯 주저앉음일 수도 있으나

때론 단순한 한 사람일 수도 있다

        전하 저잣거리에 호랑이가

도착은 여기와 저곳을 전제하며
거꾸로 여기와 저곳이 전(前)도착적일 수도 있으며
한 곳에 있던 사람이 다른 한 곳으로
강제로, 필요를 느껴서, 가야 해서
여럿을 지나치며 이동하게 되었고
그것이 완결되었다고 말할 수도 있다

새로운 현대 새로운 현대
캡션을 소리 내서 소리 내지 않고 세 번 읽어봄
낭독은 사교장을 묵독은 내면을 주었다 책장에게

우리는 이제 둘 다 가진 채로 방 안에 누워있다
트윗 리트윗 인용 리트윗을 한다

"전 하 저 잣 거 리 에 호 랑 이 가"

지도 켜고 화면 상단에
GPS 마크 활성화되고
평면 위 유닛은
우리가 어디를 보는지
이 방향의 도중에
무엇이 있는지 알려준다

우리는 우리와 함께
이동하거나
우리 중 절반이
횡단보도 너머로
멀리
휩쓸려 달아나기도 하는데

「전하 저잣거리에 호랑이가」

가장 정확한 오류 상태
건담과
장 폴 고티에

길거리의 사람들이 기침하고
마스크가 미친 듯이 잘 팔리어

전하 저잣거리에 호랑이가!

전하가 기침하시어 나라를 살피니 국운이 밝았다

삼

가짓수를 세워두고

시동		외출
변속	**시작할 것 하지말 것**	이동
주행		도착

　　　　　다른 선택지 찾아볼 것
기상　　　　　　　　　세 발 탁자 끈다
준비　　　　　　　　　망가질 때까지
외출　　　　　　　　　무너질 때까지
　　　빅 데이터 통해 분석한 날씨
　　　　　혹은 기후 개별
　　　　　혹은 일반
연주　　　　　　　　　계주
가창　　　　　　　　　바톤 터치
관객　　　　　　　　　완주

철새 이동경로
혹은 분리수거
혹은 화단

일 등 이 등		지진
삼 등		무너지고
금은동		버티고
	자가	
필로티		쓴 것
기둥 세 개	**누워서**	지운 것
벽 한 면		지우개 가루
	스스로	
나무가 뻗는		뜨거운 물
가지 수 뿌리를		찬 물
일일이 세어본 결과		미지근한 차

넓이로서의   점선 그리기

불은 태우고   나무는 서 있다 나무는   태우고   전화받지

오는, 가는   사라지는   태우는

불은 태우거나 타거나   하지 않았을 때에도, 않을 때에도   나

연결음은 반복적이고   돌 구르는 소리가 난다   그렇게 말해주

길 이어지고   있는 사람과   이어지는 길과   반복적인 선

갇혀 있던 사람은 갇힌 성질 그대로   유지한 채   불은 탄다

사이렌   울린다   혹은 울리지 않거나   막 울리기 시작하

끊어질 때에도 여전히   사이렌이라는 사실이

않는다   시끄럽고   가끔 오지 않는다   서 있다

무는 서 있거나 쓰러지거나   겉표면의 갈라짐이나 갈색   있거나 없거나

니 기쁘네   말하는 사람과   사람은 말한다

긋기에도   방향은 있거나 없고   좌표 상관적이거나 독립적인 공간으

무언가를 삼키는 듯하고   옮겨 붙어 나무   태우고   나무들 일

거나   소리의 한 사이클이 채   끝나기 전에   뚝

때에도   전혀 그러지 않는 시간에도

은 점유물로   건물이 있고   안에 층과 층을 잇는 계단과 엘리베이터 있

서 있고   사이 공간 서로 불 옮겨붙지 않을 만큼 이제   빈 공간 생기고

중간지점으로　　　혹은 다른　　　또는 다른 것으로　　　　바닥이 있고

물의 입면이 측면으로 이어져서   양측면과 후면은 내장재를 드러내거나

적벽돌 부분적으로   사용되거나 사람들 들고 나고

무엇과 마주보다가   죽어버림

나는 좌표를 무단 점거하는 존재로서 보도블럭과 같다

       물음과　망가진　생각들로
       철지난　혼잣말과
       영영　깨닫지　못할　궁금들로

       꾸준함　상상력　시각적전달　수용력
       경험을　겸하여
       시는　연말마다　보도블럭　교체하고

  그　다음은　그리고　다시 다시

나는 좌표를 무단 점거하는 존재로써 불법주차와 같다

       그러나　불법주차와
       불법주차들로
       이루어진
       꾸준함　상상력　공간　집단
       무단은　질서를　얻고
       또　한　번

  나는 내가　상상하지 않는　곳에　있다

나는 한다,와 같다

                                          불법주차장의   세금을   걷는다
                                          힘과   폭력으로
                                          폭력과   힘의 상관 없음으로
                                          간계와   이간질로

                                          경험은   규칙이   되고
                                          규칙의   반발은
                                          경험의   반발이
                                          되지   않고
                                          웅얼거림은   듣는   이에게서
                                          다시,   다시를   부르고
                                          알아듣게   되고

   그 다음엔   창이   깨지고   유리조각 위로   사람이 뒹굴고 그러다가   누워   잘 수 있게 되면   쭈그려 앉아   자꾸   물어볼 수 있다면   대답 원할   수   있다면

우리는 평면 상에서 수직축을 통한 상승이나 깊이의 획득과 무관히 오로지 넓이만을 지각하고 체험합니다

(천천히) 생각 있고 감각과 경험 있다 경험이 넘쳐 생각에 흘러 들어가지 못하고 이제 텅 비었음 할 말의 없음 없음 없음 하고 싶은 말의 과다과다과다과다과다과다과다 그러나 이것들이 다른 외양으로 같은 빛깔로 찾아올 때

후회할 일의 목록 종이를 빼곡히 곤궁에 빠졌고 헛간이 비었고 열심히 모은 것들 혹은 모았던 것들 아주 찰나의 시간에 불타는 것을 느낀다 남지 않았고 이해되지 않는다 구조가 없으면 한다고 가지고 있는 있을 구조라 할 것들이 다 전부 몽땅 없어졌으면 좋겠다고 생각했었는데 백 퍼센트 이뤄진 것은 아니고 소수점 뒤의 무수한 영이 지루할 때쯤 슬쩍 등장하는 다른 수가 지시하는 정도로 이루어졌을 텐데도

(천천히)

두 개의 레이어가 느껴지는데 이를테면 문학에 관한 문학이나 말에 관한 문학이나 말에 대한 말이거나 하는 것들 쓰거나 읽는 내가 있고 그것을 감시, 감상하는 내가 있다 무엇을 쓰는지 무엇을 읽는지 검열하고 생각하고 그러나 그것이 수감자와 간수의 관계나 부모와 자식의 관계와도 닮지 않았는데 그것이 하나로 보인다 느껴진다 읽힌다 그러나 둘이 물리적으로 나뉘어 있는 것이 분명해

이것을 인식함으로 레이어 1과 레이어 2의 중첩을 보는 한 사람의 눈동자가 그것의 바깥에 존재하게 되었고 이것을 기록하는 사실이 기록 1의 자리를 맡아 두 레이어, 두 자리를 선으로 이어 면을 구성할 수 있다 그 면이 이 화면인 것이다 그렇다면 화면 바깥에서 화면 안으로 입력되는 입력물의 스침은?

그것까지 말미암아 3차원의 공간이 형성되었다고 말할 수 있다면 여기에는 아직 빛이 있고 빛이 없으나 어둡지 않고 그보다는 어둡고 밝고의 구분이 없는 곳이기 때문에 차갑거나 따뜻하지 않고 현실이 아니라 관념적인 공간인 것만은 아니고 얼마간 현실적이기도 한데 무엇이든 상정해볼 수도 있지만 아주 제한적인 공간이기도 할 것이다 내가 첫 문장을 시작하기 전에 그곳은 온도가 없을 것이라고 사물의 완벽한 부재에 가까울 것이라고 생각해버렸기 때문이다 없다와 없음은 아주 닮아 있는데(그것이 향하는 방향이 서로 다를지라도) 어떤 객체든 정보를 갖고 있고 상호작용할 수 있는 다른 객체와 물리적으로 관념적으로 접촉을 이뤄낸 뒤엔 어떤 식으로도 정보의 변화가 생기기 때문이다 그러나 때로는 아주 다르다 어느 하나는 다른 하나와 무관하게 있고 어느 하나는 다른 하나를 초과하여 포괄하지 못해서 잉여를 남긴다 전부 다 아주아주 상관 없어진다 생각만으로 상상적 세계를 구축하기엔 아주 어려운데 그것을 경험하려면 생각과 경험의 이분법적 체계를 만들고 그 둘의 정확한 구분선을 긋고 그 구분선 위에서 한쪽 발을 들고(왼발도 오른발도 아닌) 남은 한쪽 발론 까치발을 들고(왼발도 오른발도 아닌) 신체의 한 부분을 한 곳에 다른 한 부분은 반대편에 위치시키고 이때의 한 부분은 시신경과 발톱만큼 상관성이 아주 없고 불안정하게 있어야 한다. 불안정하되 절대 넘어지지 않는 상태로 있어야 한다.

이를테면 피부의 차가움, 따뜻함, 미지근함을 한 순간에 경험하면서 생각으로 몸에 닿는 빛의 굴절을 거두고 아무것도 남아있지 않다고 이 감각들은 모두 허상이거나 아예 알아보기 어려울 만큼 빠른 속도로 변화하는 것이라고 되뇌야 하는데 결국 위태로움이란 넘어짐의 예비 자세와 가까우므로(여기서는 절대 같다고 말하지 않는 것이 중요하다) 결국 실패한다

천천히†

† (천천히) 생각 있고 감각과 경험 있다 경험이 넘쳐 생
음 없음 하고 싶은 말의 과다과다과다과다과다과다 그
할 일의 목록 종이를 빼곡히 곤궁에 빠졌고 헛간이 비
에 불타는 것을 느낀다 남지 않았고 이해되지 않는다
이 다 전부 몽땅 없어졌으면 좋겠다고 생각했었는데 백
때쯤 슬쩍 등장하는 다른 수가 지시하는 정도로 이루어
를테면 문학에 관학 문학이나 말에 관한 문학이나 말에
시, 감상하는 내가 있다 무엇을 쓰는지 무엇을 읽는지
부모와 자식의 관계와도 닮지 않았는데 그것이 하나로
는 것이 분명해 ¶ 이것을 인식함으로 레이어 1과 레이어
하게 되었고 이것을 기록하는 사실이 기록 1의 자리를
다 그 면이 이 화면인 것이다 그렇다면 화면 바깥에서
아 3차원의 공간이 형성되었다고 말할 수 있다면 여기
고 밝고의 구분이 없는 곳이기 때문에 차갑거나 따뜻하
간 현실적이기도 한데 무엇이든 상정해볼 수도 있지만
기 전에 그곳은 온도가 없을 것이라고 사물의 완벽한 부
은 아주 닮아 있는데(그것이 향하는 방향이 서로 다를지
른 객체와 물리적으로 관념적으로 접촉을 이뤄낸 뒤엔
는 아주 다르다 어느 하나는 다른 하나와 무관하게 있고
남긴다 전부 다 아주아주 상관 없어진다 생각만으로 상
생각과 경험의 이분법적 체계를 만들고 그 둘의 정확한
른발도 아닌) 남은 한쪽 발론 까치발을 들고(왼발도 오
편에 위치시키고 이때의 한 부분은 시신경과 발톱만큼
대 넘어지지 않는 상태로 있어야 한다. ¶ 이를테면 피부
로 몸에 닿는 빛의 굴절을 거두고 아무것도 남아있지 않

흘러 들어가지 못하고 이제 텅 비었음 할 말의 없음 없
이것들이 다른 외양으로 갖은 빛깔로 찾아올 때 ¶ 후회
열심히 모은 것들 혹은 모았던 것들 아주 찰나의 시간
가 없었으면 한다고 가지고 있는 있을 구조라 할 것들
트 이뤄진 것은 아니고 소수점 뒤의 무수한 영이 지루할
텐데도 ¶ (천천히) ¶ 두 개의 레이어가 느껴지는데 이
말이거나 하는 것들 쓰거나 읽는 내가 있고 그것을 감
하고 생각하고 그러나 그것이 수감자와 간수의 관계나
다 느껴진다 읽힌다 그러나 둘이 물리적으로 나뉘어 있
중첩을 보는 한 사람의 눈동자가 그것의 바깥에 존재
두 레이어, 두 자리를 선으로 이어 면을 구성할 수 있
안으로 입력되는 입력물의 스침은? ¶ 그것까지 말미암
아직 빛이 있고 빛이 없으나 어둡지 않고 그보다는 어둡
고 현실이 아니라 관념적인 공간인 것만은 아니고 얼마
제한적인 공간이기도 할 것이다 내가 첫 문장을 시작하
가까울 것이라고 생각해버렸기 때문이다 없다와 없음
) 어떤 객체든 정보를 갖고 있고 상호작용할 수 있는 다
식으로도 정보의 변화가 생기기 때문이다 그러나 때로
하나는 다른 하나를 초과하여 포괄하지 못해서 잉여를
세계를 구축하기엔 아주 어려운데 그것을 경험하려면
선을 긋고 그 구분선 위에서 한쪽 발을 들고(왼발도 오
도 아닌) 신체의 한 부분을 한 곳에 다른 한 부분은 반대
성이 아주 없고 불안정하게 있어야 한다. 불안정하되 절
가움, 따뜻함, 미지근함을 한 순간에 경험하면서 생각으
이 감각들은 모두 허상이거나 아예 알아보기 어려울 만

큼 빠른 속도로 변화하는 것이라고 되뇌어야 하는데 절대 같다고 말하지 않는 것이 중요하다) 결국 실패한다.

태로움이란 넘어짐의 예비 자세와 가까우므로(여기서는

// 2. 이 면
속의 다른 나머지 형태들과 점의 크기 관계.†

감상을 나누고 있다 감상은 나누어진다 나누기에 속한다

커다란 원목 테이블에 둘러앉아 앞이 어둡다 보이거나 보이지
않는다 앞을 봐 사람 말고 앞을 앞을 본다 고개는 뻣뻣하고 허리는
당겨 앉는다 등을 편다 뻐근해질 때까지

모두의 머릿속에 나누어지는 감상에 대한 감상이 있다
모두는 나누어지는 감상에 대한 감상을 나누는 것이다 이것은
지지부진하고 도저히 진척되지 않아서 이게 뭐하는 짓이지?
생각할 때쯤

방 안에 모기가 있다 일어나서 모기를 잡고 싶겠지만 일어날 수
없다 그럴 수 없다 의자이기 때문에 모두는 그것을 용도라고
부른다 감상이 소리 내서 말한다

용도

방 안에 모기가 얼마나 있을 것인가 내내 귀를 간지럽히는 소리가 영화적이고 물리는 기분에 물린다 감상이 영화에 붙는다 달라붙었다

　　모두가 입을 다물었다
　　감상이 입을 벌려 천천히

"유령을 만나고 헤어진 뒤엔
어쩐지 쓸쓸해진다.
만나고 있을 땐 정말로
하나도 그런 생각
들지 않았었는데."

　　일련의 말들이 지지부진하고 단 한 번도 의자에서 일어나지 못하고 가만히, 그러나 단숨에

　　(뛰어넘는다)

† 　바실리 칸딘스키, 열화당 미술책방, 『점, 선, 면 회화적인 요소를 위하여』, 차봉희 옮김, 열화당, 2000, 22-23p, 강조는 원문을 따랐다.
‡ 　위와 같은 책, 23p.

... 점의 **외적인** 개념은 정확하지 않다. ... 기초 평면의 일정한 면을 요청하는 그런 어떤 크기를 얻어야 한다. 그밖에 점은 자신을 주변과 구분해주는 어떤 경계— 윤곽—를 갖지 않으면 안 된다. …… 여기서 두 가지 조건이 고려될 수 있겠다. // 1. 크기를 중심으로 볼 때 점과 그것이 표현되고 있는 면과의 관계.‡

† 바실리 칸딘스키, 열화당 미술책방, 『점,선,면 회화적인 요소를 위하여』, 차봉희 옮김, 열화당, 2000, 22-23p, 강조는 원문을 따랐다.
‡ 위와 같은 책, 23p.

유사광학장치

　말, 충분히 받아쓰였다 헤졌다 헐벗었다 사람
되었다 다시, 시작한다 처음과 처으ㅁ의 ㅊㅓㅇㅡㅁ 긴 샤워
마치고.

　　grid 검색 후 나온 이미지의 유사 단어 기하학적모자이크간단한최
소한의포스터테두리배경기하학국경단순한신선한옐로우화이트그래픽
바느질색상블록질감선멤피스팝풍포스터배경

　　단어를 그물로 생각하고 검색 후 도출된 형상은?
　　검색어, 물질로 치환하고 던진 뒤 건져 올려진 움직임은?

　　말 여러 번 반복됐다 옷 입었다 중요한 건 재질 색
무게 짜임 무늬 '그런 것이거나'도 아니고 사람 다
알게 되었음 아느ㄴ 사라ㅁ 되었음 아ㅏㄴㅡㄴ
ㅅㅏㄹㅏㅁ에게

　　성립되는 새로움 자기만의독특한보편적인브레이크직전엑셀위의급
진적인다모르고있음을

　　자신이 자신을 동어 반복해봄
　　자신을 자신이 동어 반복해봄

　　모든 게 동일 조건이라면, 같은 지대를 임대해두었다면, 이마
맞대고 있었다면, 그랬으면,

　　그러면

　　입술은 푹신푹신하고 쿠션 같다 눕는 것은 허락되지 않았다

( )

말, 충분히 받아쓰였다†

항상 더 많은 것을　　　알거나 놓치면서　　　전부 다 인용되었다　　　하려
했던 것보다 더　　　투명한 유리잔과 같이 담고 있는 것을 해치지 않아야 한다
　　　깨뜨린다　　　깨진 조각 무늬　　　생성되기 전에　　　그러모아
얼른 삼킨다　　　폴리에틸렌(내면)　　　의도는 항상 벌판을 미끄러지듯
달려가고

너의 말을 네가   놓치고 제쳐두고 밀치고   밀리고 떠맡겨진 채로 전부 다,   몽땅 말해져 버리고 말았다   커피 봉투 뒤집으면   구겨진 은빛   남아있는 조금의   커피 냄새   분리수거는 매주 월화수목 일몰 이후에   전기요금 수납일은 매달 이십오 일로   내면은 구성되어 있다   대화 그친다

눕는 것은 허락되지 않았다‡

† 최세목, 「유사광학장치」, 『ㅊ』, _방1. 2022.
‡ 위와 같음.

상태를 재고 함

   커피 마시면서 (입술에 닿는 잔의 촉감을 굴곡 없음을 차가움을 입 안으로 흘러 들어오는 액체의 유동성을 미뢰가 각각 생동하고 울대를 넘어 식도를 타고 위에 닿으면서 흘러 들어가고)
   의자와 앉은 신체 사이의 뭉개짐을 어그러짐을 꼬리뼈에 닿는 딱딱함을 그대로 최대한 그대로 두고 이것에 대해 어떠한 생각도 어떠한 생각을 그만두겠다는 생각마저도 말고 가만 느껴보기
   들리는 노래 (목소리의 질감 생각해보기 음색의 형태에 대한 시각화는 관두고 목소리의 밑에 깔린 악기들의 숫자 세어보기 전자 기타 피아노 드럼 베이스 매 박자마다 끼어드는 소리의 정체는 마림바인가 생각 들지만 생뚱맞고 마림바 소리를 알고 있었나 하는 생각 들고 어디서 튀어나온 이름인지 생각해보다가 다시 생각 말고)
   둘러앉은 사람들의 자세 (몸 기울었고 책을 향해 머리 떨구고 있고 손에 연필 꽉 쥐고)
   다시 이번엔 바닥과 맞닿은 신발 속의 발 형상 (형상의 감각 가져오기 발바닥 있고 발바닥의 굴곡 촉각적으로 구현해보고 감각에 잇따른 발의 디딤면 각 발가락이 느끼는 감각 엄지와 검지 발가락 맞닿았고 더 자세히 느껴보면 발가락 사이사이마다 빈 공간 있고 발목을 둘러싼 신발의 형태감 느껴지고 넘어 가우스의 면적 공식 있고)

이제 천천히 빛 (어둔 창 너머로 전등 비쳐 빛이 이어지고 그러나 어둔 창에서도 내 뒤편의 편편한 벽 선명하게 빛이 너무 멀리 가지 않게 막고 있고)
　사람들 대화하고 웃고 속삭이는 목소리 있고 손동작 말 도와주고 아니 손동작 말과 함께 있고 커피의 표면 있고 얼음 떠있거나 하고 색 있고 잔의 굴곡 있고 사람들 움직이고 노래 계속되고 주는 말 있고 받는 말 있고 그러다가 그러다가 그러다가가 연쇄되어 (이를테면 바깥이라고 부를만한 면이 있고 공간으로 지각되는 것이 있어 움직일 수 있을 것 같으나 인지를 돕는 면 아주 얇고 습자지 같고 모든 것이 변한다는 사실이 지속되어 실상 아무것도 변하지 않는다는 멍청한 생각 해보다가 다시 이 모든 것을 관두고 커피를 마시면서)

당사자 소실

마시는 것 마신다
글씨를 쓴다
말하고 싶다 라고 말하고 싶다

하루 일과를
비디오로 촬영해서
남겨두었다가 보는 모습을 녹화해서
　　　　　　　　　　　　　　남겨두었다가
Ctrl + Del 혹은 Command + Del 눌러
순식간에 지워버리고 싶다　　라고 생각하고 싶다
생각을 말하고 싶은 생각을 말하고 싶은 생각들
나란히 앉아 마실 것 먹을 것 두고 대화하다가
대화 길어져 맥주 미지근해지고 와인 달아지는 것을
가만히 지켜보는 것을　　　　지켜보고 싶다

무언가 미워지면
그것을
사각 프레임에 담아두면 좋다

넣어둔 것을 다시 상자에 넣어
캐비닛을 정리해서
생겨난 자리에
알맞게 잘
넣어두어
방의 문을 바깥에서 잠궈
짐을 싸고 나가서
오래 돌아오지 않거나
아예 떠날 수 없게 되었으면　　　라고 말하고 싶지 않았었나
　　　　　　　　　　　　　　　수십 번 되묻고 싶다
누워있는 게 지겨운 사람이 자리에서 일어났다가
다시 삼 초 뒤에
풀썩 다시 누웠으면
좋겠다　　　　　　　　　　　그 좋음을 커다란
　　　　　　　　　　　　　디스플레이에 재생해두고
　　　　　　　　　　　　　창문처럼 내내
　　　　　　　　　　　　　켜 둘 수 있으면 좋겠다
　　　　　　　　　　　　　하는 좋음을 가만히
　　　　　　　　　　　　　내버려 두고 싶다
　　　　　　　　　　　　　라고 읽는 것을 읽고 싶지

않다

생각 A

     평평한
     납작한   등을 키웁니다   도시계획의
     고른   공간구성의
                                      설계도의

등입니다

  몸   둥글게
       굽힌   사람이 있습니다 그를 바로   기립시켜
       엎드린   세워
                                                        일으켜

가슴에 연고 바릅니다
  반창고 붙여주어
  나가라 당장,
  당장

  우리는 생각의   평평한
                        고른
                        납작한   등을 기릅니다

     구획에서
     양계장에서
     창살에서   밤을 풀어냅니다 책과,
홰를 칩니다
닳은 부리를 앓습니다

```
    기운 어깨엔 달걀을      굴리고
                         흘리고      영원한      운동을
                         보내고                 움직임을
                                              행동을
응원합니다 크기를 힘을 방향을


  질문이 있습니다 지도와 세계 중 무엇이 먼저입니까
  몸 단단합니다 깃털 빳빳합니다 체온 미지근합니다
  닭이 먼저입니까 알이 먼저입니까 아니면 보다 먼저


  양계장을     허물어
              무너뜨려   테이블을     제작해
              부수어                생산해
                                  만들어     앉아
혹은 누워 질문 재촉합니다
   어서 자라라 어서,


  시시각각 채도를 바꾸는   테이블의    따스한
                                온화한
                                다정한     등을


부리가 자랐습니다
전등이 밝습니다


        따스할
        온화할
        다정할     것이라고만 생각했습니다
생각이 자라 달걀 깨뜨리지 않고 오믈렛을    제작합니다
                                    생산합니다
                                    만듭니다
```

고공

　　　　　　관측

화면과 눈 사이
　　　　　　화면보호기에 눈에 내린다
화면을 손가락으로 민다
　　　　　　눈에 눈이 내린다
풍경을 지운다
　　　　　　떠다니는 먼지 본다
빛이 들어온다 바닥에 사각으로 남는 빛
　　　　　　보고 있다
몸이 움츠러든다
　　　　　　관조 통해 진실로 드러나는 세계
형태가 있다 구성과 질료 있다
　　　　　　진실을 손가락으로 밀어 지운다
질료가 나를 만들고
　　　　　　감각, 촉각, 피부
내가 질료를 만드는
　　　　　　냄새, 눈과 색, 시신경
한 쌍의 눈알이 만드는
　　　　　　원근감, 거리감
생각은 신뢰할 수 없다 라는 말
　　　　　　화면 밀어 눈 내리는 풍경 지운다
말해주어도 겪지 않으면 모른다 라는 말
　　　　　　귀가 얼굴의 옆에 붙어 있다
듣는 일은 경험이 못 되는 걸까
　　　　　　귀지, 먼지 밀어서 털어낸다

전시장의 한 편, 노란 포스트잇에 적힌
      작은 글씨
전시가 끝나면 이것들은 어디로 가나요?
        제가 잘 돌보겠습니다
더 높은 곳으로 데리고 갈게요
        방을 돌아다니는 먼지들은, 어디로
하나의 들판이 있고
       간다 그것은 책등 위에
그 위로 또 하나의
        또 하나의 두께로서 면으로서
책의 내용을 가진다
      결을 민다
화면의 가장자리에 빛이 쌓인다
      빛을 민다 지운다

형상상상

한 평의 공간을 가져온다
한 편에 무엇이 있고
다른 편엔 무엇이 있다
인생은 그림이지만
우리는 픽셀 속에서 산다
속도는 방향과 힘을
포함하는 개념이다
닫는다 바깥으로 나간다

카메라 렌즈를 위치시킨다
위치시킨다
여태의 서사 정리해
영상 만든다 편집하고
업로드한다
클라이언트 ㄱ
편집 주체 ㄴ 영상 ㄷ
광고 달리고 댓글 달린다
수익이 창출된다

직선 주어졌고 주어진 직선의 양끝 P, Q를 중심으로 동일한 반경의 원호를 그려 교점인 A와 B를 구한다 A와 B를 연결하는 수직선을 그린다 수직선이 수평선과 맞닿은 곳 Z, 점 Z를 크게 확대해 검정의 공간 만들고 점선을 하나 그려 등분한다

  임의의 점 X 설정하고 그곳에 렌즈와 렌즈를 보는 시선을 평행으로 움직여 위치 Y XYZ 연결해 삼각형을 그리고 360도 회전시켜 원뿔을 만든다 해상도 높여, 픽셀 좀더 촘촘하게

  점의 위치 기억하는 힘이 있고 잇는 힘 있고 이것의 세기를 더욱 강하게 복잡하게 그린다 무엇이 생긴다

여기까진 아주 꿈같은 무엇이다 편편한 판 위, 입김 서리고 지문 남는다 빛을 끈다 형상 있고 형상의 경계가 있으며 어두운 곳에선 경계 구분 어렵고 통각 남아 있다 현재 위치 바깥이며 통각 그대로 있다 공간은 닫힌 채로 있다

이 모든 것에 빛이 없다

((

차원 제공하지 않음
화분 안고 걷는 사람 횡단보도

건물의 파사드, 콘크리트와 유리창 반복

에서   로 이동함

헤드라이트를 마주함

격투 게임 캐릭터의 모션 큰 기술 시간에 따른 큰 동작 파워 이펙트,

다음 동작을 연결지을 것 상대의 일어남을 지연시킬 것 **패턴을**

수평선;옆으로 누운 괄호 같은거 저 멀리 수평선을 넘어 범선의
돛대가 나타나다   밝은 빛 마주함
                              밝고 관측자가 있음

†   문학 3, 강보원, 「박탈당할 수 없는 것」에 달린 monito의 댓글 변용

환상하다

리얼스, 캐릭터가 웅장에 맞서 바드르로 나아가 들어남을 환상하기 전에

명의 생이 바뀐다

3D   2D

상지누가, 게임이 풍성되다 밝고

갑자기라도 밝고 영에서 많으로 이동함

차원 제한하지 않음

이 같은 지점에 실행을 바닥에 비벼주이 지구 생도우지 만들었다
는 사람과 우주라이의 자는 사람; 보입니다
실행; 혼흡 길은 지 형곡에 사 회오리 감지 한 조각을
상상의게 슬품이

회색 분자

감자 전분을 뭉쳐
만든 것으로
식감이 쫄깃하며
납작한 모양과
굵고 긴 성질 함께 있다
중국 동북지방 음식으로
오히려 중국에서는
모르는 사람이 많고
되려 한국 음식으로
알고 있기도 하다
이는 유난히 넓은 토지에
따른 상관 사항이고
자체로는 무미,
국물 요리에 넣어 먹어
식감을 즐긴다

투명은 고유 색이 없음
아니나
빛 뭉침이나
안료 뭉침에
영향받지 않고
원료의 특성과
가공법에 기반을 둔
경우의 수다
투명은 이염 혹은
전염되지 않으며
오래 오염되어 있더라도
일련의 세척 절차 따르면
고유의
무절제성을
드러낸다

올려다본 하늘
고유한 중심이 없으므로
보이는 걸 본다
본다는 지각을 본다

맨홀은 동그란데 그 이유는
그것이 회전체이기 때문이다
자질의 0 혹은 1
성실의 0 혹은 1
0.5 0.25 0.348 옆
0.347........
반복 무수히

내내 탱글탱글하다가 목구멍 너머로
넘어갈 것이다
결심했다면 삼켜야 한다

곳곳에 빛이 밝아
방 안에 밀물 썰물
그치지 않을 것이다
접시 물이 무서운 이유는
그것이 자율성을 가려내는 도구인 탓이고

당신이 서 있는 곳에서만 보이는
작은, 먼 개체가 있을 것이다
원근감에 따라 가까움과 멂이 구분될 것이나
앞으로 운동하면 착시현상인지 아닌지
구분될 것이고

맛은 회색일 것이다

다시는   빵을   굽지   않겠습니다.

빵   하나   있다
빵
희고   납작한   단면   있다

빵의   검게   타고   눌린   아랫면 있다
갈라진   표면   있다

빵   하나   있고
빵   하나   있다

빵	희고	납작한	단면
손가락으로	찔러봄	있고	
검게	탄	부분	
손톱으로	긁어냄	있고	
절반으로	갈라봄	있다	

빵   하나   있어
놓인   접시   있다   놓인   접시
있어   어딘가   올려져   있음   있고
탁자인지   바닥인지   머리맡   선반인지
헤아리다가   헷갈려함   있다
헷갈림   하나

헤아림   하나
선반   바닥   탁자   각각   하나씩   있다
맛볼   것인지   잊어버릴   것인지
기다릴   것인지
하나   있고   하나   있다

빵   있어
빵공장   있고   제과점   있고
중력분   있고   물   있고
근육   갈라짐   있고

하나와   하나   이상

있다

옮겨심기

유리창에 비 스치다 비가 유리창 스치다 떨어지는 비를 창이 보다 솟구치는 창을 비가 보다 기분으로 하루 저격하다
  기분이 그치다 창에 비가 비치다 비에 창이 비치다 비가 허공에 정지하다 유리창 잠시 떨다 기분이 없다는 기분 느끼다
  허공 중에서 서로 보다 창과 비가 바로 서다 비와 창이 바로 서다 창의 거절을 보다 비의 거절을 보다 장화를 신고 나가다
  앞서 걷는 사람의 뒷모습보다 그 사람의 긴 머리 올올이 세다
  우산 기울어지다 살 끝에서 빗방울 떨어지다 깨지다
  생각하다 일기 쓰다 날씨부터 적다 고개를 들다 올려 보다 바닥에 눕다 하늘 일어서다 저격당하다 저격하다

검ㄱ

                                                                                               공기를 부드럽게 움켜쥐어

한다

                                                                                               손 모양으로 컵을 상상하게끔

한다

                                                                                               없는 것을 없는 채로

                                                                                                                                                                      혹은

                                                                                              협탁 위에 올려진 화분

                                                                                               또는 안전 경고판

손 모양 바꾸어   생명 품에 안은

                                                                                           부드럽게 털 쓰다듬는

멀리 소리 들리다   멀리는 멀리에

설명한다   꺼끌꺼끌하고 딱딱합니다

                                                                          온기 있고 답답해하고 있습니다

                                                                                   굶주려 있습니다

                                                                     누가 먹을 것을 좀, 좀

먹이를 준다   비스킷을 좀 주겠습니다

검지와 엄지로 두께를 만든다   입으로 유추되는 곳에

                                                                            두께를 가까이 한다

                                                   굶주려 있다 숨을 헐떡이고

                                                갈비뼈 윤곽 드러났다 사라지고

~~**편안하게 해줘야 할까요**~~   온기가 있다 털이 부드럽고

                                        여기는 바로 여기에 압정으로 꽉 눌려 있다

~~**없는 것을 없는 채로 없게 둘까요? 아무것도 하지 말까요?**~~

~~**손안에 쥔 둥그런 모양 건네준다**~~   건네지지 않는다

있으라

                     냉장고를 열어둔 채, 혹은 문을 열어두고 침대에 누워 잠을 기다리다가 때때론 계속하다가 침대와 화장실과의 거리를 가늠하면서 짧게, 짧은 상상으로 가는 일을, 중간에 냉장고의 환한 불빛 속에서 미지근하게 식어가고 있을 물을 원망하지 않고 좁은 화장실에 앉으며 좌변기 위에 앉아 보는 상상을 좁구나 좁지 좁다는 건 좁은 일이지 까지 생각하고 생각을 마친다는 생각을 하면서 정말, 생각을 마친 것인지는 모르고 무의식적으로 노래를 흥얼거리면서 냉장고의 쓸모를 지워버려야지 눈을 감은 채로 눈 감고서 감은 눈을 침대 위에서 선풍기 달달거리는 소리를 들으며 달달거리는 선풍기 위로 버스 엔진 소리가 덮어지는 바람에 불쑥 버스 안에 있게 되고 옆에 앉은 형체가 우리는 완벽한 버스에 있어라고 일러주었고

물을 한 모금 마시고

버스에는 사람이 많거나 적당하거나 우리만 있거나 했는데 형체가 일렁이면서 손잡이를 가리켰고 흔들리는 손잡이 흔들림을 보지 않고 형체의 지시를 보면서 보는 일의 피로함을 느껴 왼눈과 오른눈의 시력을 느끼면서 시야를 흩뜨리고 버스가 움직이고, 움직이고 버스는 앞으로 가지 않고 뒤로 가지도 않고 단지 움직이는데 기사가 액셀을 밟고 엔진이 돌고 힘이, 힘이 바퀴에 이어져 바퀴가 구르면 버스가 움직인다 바깥 쇼윈도에 비친 버스의 모습을 형체가 나의 몸을 더듬거리면서 일러주었는데 그것이 전부 전부 다 알 수 있는 것에 속하지 않아서 다만 알고 있다고 생각돼서 입고 있던 바지를 벗어 건네고 그러면 바지 안에 그득그득 차있었던 다리랄지 밴 땀이랄지 근육이랄지 지방이나 뼈 같은 것에 형체가 바람을 불어넣어서, 한계치까지 계속 불어넣어서 결국 뻥 터진다 갈기갈기 찢긴 바지 조각이 떨어지는 소리를 들으며 불쑥 창을 열고 소음으로 가득한 열린 창으로 깨져 들어오는 소리들 사이에 있게 되는 거야

물을 두 모금 마시고

날씨 적지 않은 일기　　　　　　　　　　　　음절
구분선 없는　　　　　　　　　　　　　편평한 땅
달력　　　　　　　　　　　　　　　신호에 맞추어
경사 모이면 겨울이　　　　　　　　　　횡단보도 건넘
거미줄 모양으로　　　　　　　　　　다시 신호 기다리다가
떨어지는　　　　　　　　　　　두 개의 Y축 만나지 않는
빛　　　　　　　　　　　　　　　　조건—평행
닫힌 문, 통과하여　　　　　　　　　　간결하지 않으면
바지의 밑단 잘라　　　　　　　　이해 어려워, 감정이 없는
이어 붙여　　　　　　　　　　　　　　　　조금
긴 천　　　　　　　　　　　　　있는 것의 '조금'
자전거 앞바퀴 뒷바퀴 안장　　　듣고 싶은 말과 하고 싶은 말
체인 핸들 자전거라는　　　　　　　　　　　　있으나
말 안의 진공 지대　　　　　　　　　　　　중요한가?
발 딛는 발　　　　　　　　　　　　　　건강 상태는?
하나하나　　　　　　　　　　　　　건조하진 않은지?
손가락　　　　　　　　　　　　물은 제때 주었는지
접어　　　　　　　　　　　　필요한 화학성분은? - 나
셈한다 통증 어지러움　　　　　　　　　　　　많은 것
깨진 사이드 미러　　　　　　　　　　전부 - 제외된 전부
위로 응원 같이　　　　　　　　끝이란 표음으로만 존재함
하늘에 숫자 없고　　　　　　　　　　　　　　끝
발음 안 되는　　　　　　　　　　　　　　ㄱㄱㅡㅌ

† 　각주 없음.

풍경†

† 물에 돌 던지고, 파문 생긴다 미소 같다 입가, 주름, 이미지, 발생한다
여기까지 읽음 파문, 주름, 파문의 발생, 겹겹이, 입가 주름의 겹겹이, 그러나
눈과 각각의 지각 완전하지 않고 그러나 생각이 있고 뿐만 아니라 이미지
머릿속에 있고 물의 뉘앙스 미소의 뉘앙스 생각의 연접 있으며 자리 바꿔 앉으며
혼동 일으키고 끝말잇기 하듯 뒤따르면서‡

‡ 물에 던져진 돌이 수면에 만드는 원처럼
어두운 방이 확 밝아지는 때처럼
차에 치인 사람 주위로 모이는 군중처럼
어두운 모습, 딛는 뒷걸음처럼
밤, 내부의 전등이 창에 새기는 빛의 표정처럼
컵 산산조각나서 퍼지듯
진창에 빠져 헛도는 바퀴처럼
길을 잃은 사람이 영영 맴돌게 되는 환한 풍경처럼
총알이 뚫고 간 공기의 파열처럼‡‡

‡‡ 앞면과 뒷면 폐지하다 총알처럼 씌어진‡‡

♯ 뒷면과 앞면 폐지하다 총알처럼 씌어진

비위치

뾰족하고   .

벽에 유리 겹친 뒤 압정
엄지로   .
      . 박히지   .
그러나

벽에   .
벽 무늬   .
압정 바닥에 떨어졌나
아니, 바닥 아직
독서되지   .
미결정   .

        .
유리에 옮아   .

벽 질감   .
알 것   . 알고   .
알게   .
설명하지   .
가만히   .

구획하다　비치다　고정하다

　　　　　　　　　　민다

　　　　　　　　찾는다

　　열린다

　　　　　．

　　　　　　단단하다

　　　　　누른다
휜다　　　　않는다

　　　　　갇힌다
　　　　　　투명하다

　　　　　　않았다
　　　　상태다

단단함
　　　　　　　붙는다

　　　　　읽는다
　　　　같다　　있다
　　　된다
　　　　　　않는다
　　　　　둔다

　　　　　．　．　．

유리 더 세게 벽으로　　．
힘껏, 오롯이
양 손바닥 활짝 펴고 힘을 주어
밀착시키고
앞으로 앞으로
벽과 유리 손바닥 차례로 연결되고
디딤발 자리를　　．
바닥 생성되고 방향 결정되고
유리　　．

압정 바닥에 떨어져 있다

열셋

첫번째 문장은

열세 번째 문장을 지시한다.
그리고 스크롤하세요.
열셋이라는 숫자엔 어떤 의미도 없다.
기독교적 함의나
시계판 바깥의 불길함이라던지
하는 것 없이.
열셋은 열셋.
열셋.
여기서 열세 번째 문장의
기준은 한 행을 한 문장으로
바라볼 것인가. 또는

마침표를 기준 삼아 한 문장으로 셈할 것인지.

논의할 필요성이 생긴다.
앞의 기준에서 열셋은
이미 종결된 시간이고
뒤의 기준에선 열셋은 아직 오지 않았다.
뒤의 기준을 따르면 지금 작성되는 문장은
열 번째 문장이다. 그러니까.

무엇이든 검고, 선형적으로 있다면
읽을 수 있을 것만 같다

      그저 메스꺼움

     낮고 반복적인 목소리 낮게 반복되는 목소
여러 번 다시 읽는 문장 염원이 담길 것만 같

    때때로 울렁거림

비슷한 형태끼리 모으고
어떤 것 먼저 읽을지
어느 위치가 가장 먼저 눈에 들어오는지

크기가 큰 글자
상대적으로 작은 글자
그것이 놓인 매체

     곧장 아니라는 말 듣는다 무언가 하는 것
    같다

     너무 무거워 가방에 뭐가 있었지 들고 있
쥐고 있기 힘든가 미끄러운가 거친가 여ㅎ
어려워질 것만 같다 하는 말 듣는다

무엇이든 검고, 간략한 형태라면
읽을 수 있을 것만 같다

        자주 과적

늘어지고 군더더기 많은,
다 지워야만 할 것 같다

읽을 수 있을 것 같으면,
읽으면 뜻이 생길 것만 같다

풀이 되는 문장   맞나?

수가 없을 것만

워 손잡이
이상 듣고 있기

무언가

낱개로 나누어질 것이다　　　분명하지 않을 것이다
구성하고 있던　　　　　　　　흰 공간 있고
손금 하나,　　　　　　　　　　검은 공간 있고
치아 깨진 틈　　　　　　　　　형성되는 질감
흰자 뒤편에 자리한　　　　　　위치 유기성
어둠 하나하나　　　　　　　　비어있는 곳
　　　　　　둘　　　　　　　　지시하거나
　　　　　　셋　　　　　　　　지시하지 않아서
어두울 것이고 앉을 만한 자리 없을 것이다
내내 선 채 있다가　　　　　　리듬 생기고
비로소 누울 것이다　　　　　　방향 있을 것이다
예비하고 있을 것이다　　　　　모양 있을 것이고
준비 시작
하지 않을 것이다　　　　　　　끝에 다다라선 접힐
멍하니 망연자실　　　　　　　것이다
받침 ㅇ 속의　　　　　　　　　미리 새겨져 있던
작고 분명한　　　　　　　　　표시따라 반듯이
공간, 구멍,
자리, 렌즈, 스툴
앉아 있을 것이다
무언가 돌아오지 않았다　　　　돌아왔다

넓이로써의	점선	긋기
빛을	빗겨선 곳에서	왼쪽에서
책이라 바꾸어	부른다 시작한다	시작한 글
읽는다	더 빗겨선 곳에서	오른쪽에서
부른다	앞선 자리에서	끝난다
혼동하다	방향	
	조금 다르게	벽
같은 자리에서	빗겨선 위치에서	빈 공간
시작하고	책	들쑥날쑥하게
끝난다	빛으로	빈
그보다 조금 더	중얼거리다	
	외치다	

왼편에서 받아   점선, 파선, 직선   기준선 그리고

오른편으로   선을 겹쳐   그것을

흘린다   공간 구획하다   혼란스러워하다

오른편에서 받아   계획하다

왼편으로   그것의   읽는 사람의 눈

흘린다면?   양끝   선을 피해

                     공간의 끝에   흘러간다

기준선을   닿지 않아도   이것을

긋고 그것을   그리다

혼란스러워하다   긋다

                                          읽다

                                          말한다

그것을

쓰고

말했다고

『▥』

　▥이다 좀 가져와 액자에 넣을 그림이 필요해 좀 빌려줘 편지 쓸 일이 생겼어, 의 ▥ ▥의 ▥이다 ▥과 ▥이다 읽을 수 있다 읽지 않을 수 있다 네모인 ▥, 옆면이 우글우글한, 책장에 넣는다. 낯설게 만들어보자 연달아 말한다 거울 앞에 세워둔다 그것이 너는 누구니? 스스로 물을 때까지 기다린다 읽으면 똑똑해지나 아니요 ▥은 잊는 것입니다 스테이플러 잘깍, 잘깍 잊습니다 잊는다 테이블이 필요해 생각을 한다 원하는 테이블을 ▥에게 묻는다, 다리 긴 테이블 주문한다 어느 의자와도 짝이 될 수 있는 테이블 그 위에 ▥을 뒤집어 놓는다 테이블과 ▥ 짝처럼 보이게 ▥을 테이블의 밑에 던진다 ▥과 테이블이 짝처럼 ▥ 읽는 사람이 ▥ 위에 엎어져 잔다 ▥의 꿈을 꾼다 ▥을 얼굴에 얹고 잔다 ▥이 꿈을 꾼다 ▥의 짝이거나 ▥이 짝이거나 짝과 짝이거나 앞장이 뒷장의 밑에서 사이가 좋다 뒷장이 앞장의 내용을 예상 표절했다 정교하게, 책

활자 명세†

한글
평균 L / 평균 L Radical
영문
Hawkhurst Std (103% / -5.7%)
숫자
Hawkhurst Std (103% / -5.7%) / Bell Centennial Std (103% / -5.5%)
한자
Kozuka Mincho Pro (89% / -0.5%) / Kozuka Gothic Pro (87% / -0.7%)
구두점
따옴표: Charlemagne Std (130% / -17%)
물음표·느낌표: Weiss Std (140% / -6.5%)
온점·쉼표·콜론: Hawkhurst Std (140% / -6%) / Bell Gothic Std (110% / -5%)
꺾쇠: 산돌 정체 (100% / -4%)
괄호·슬래시: Scala Sans (108% / 6.5%)
대거·필크로우: AG최정호스크린 (100% / 0%)

크기
10.5pt
글줄사이
17.325pt (10.5pt × 1.65)
글자사이
-10
낱말사이
310
첫줄 들여쓰기
3.7mm (10.5pt*0.999)
줄 공백
1줄 공백 (17.325pt)
줄수
30줄 / 31줄
글줄길이
107.662mm (10.5pt × 29 × 0.999) / 111.014mm (10.5pt × 30 × 0.999)
여백 (왼쪽 페이지 기준, 비대칭)
상: 6.112mm (17.325pt × 1)
하: 10.519mm (17.325pt × 1.725)
좌: 16.808mm (17.325pt × 2.75)
우: 12.53mm (17.325pt × 2.05)

† Adobe InDesign 2022 기준으로 작성되었다.

변수‡

한글
평균 Family / AG민부리 Family

단
2단 / 3단

크기
7.5pt / 13.5pt / 9pt

왼쪽 전체 들여쓰기
11.1mm / 22.2mm / 33.3mm / 44.4mm / 동일 단어별 세로축 정렬

글줄사이
11.55pt(10.5pt×1.1) /
14.325pt(17.325pt-13.5pt) /
20.79pt(17.325pt×6÷5) /
23.1pt (10.5pt×2.2)

정렬
왼끝맞춤 / 오른끝맞춤 /
중앙정렬 / 양끝맞춤

글자사이
+20(민부리) / -50 / 200

쓰기방향
가로쓰기 / 세로쓰기

낱말사이
낱말사이 없음 / 전각 / 전각×3

페이지 배치
직렬(교차) / 직렬(중첩) /
병렬(교차) / 병렬(중첩) / 평행

첫줄 들여쓰기
들여쓰기 없음

얽어짜기 / 끼워넣기
2단 얽어짜기 / 1줄 얽어짜기 /
3단 얽어짜기 / 페이지 얽어짜기 /
끼워넣기

줄 공백
3줄 공백 / 6줄 공백

‡ 변수의 적용에 갯수 제한은 없다.

글   최세목
디자인   최민호
출판   _방1
인쇄   문성인쇄

표지   클래식크래스트 216g
내지   뉴프리 80g
오프셋인쇄·사철·형압·백박
137mm×200mm, 128p

츠
초판 1쇄 인쇄 2022년 6월 27일
초판 1쇄 발행 2022년 6월 30일

ISBN 979-11-979205-0-9(03810)
18,000원

_방1   출판등록 2022년 6월 15일
(제2022-000050호)
qkd11dkq@gmail.com
@_qkd1